AF483046

INTERMEDES DE MUSIQUE

ET DE DANSE

POUR LA COMEDIE

DE

MIRTIL ET MELICERTE.

REPRESENTE'E

A Fontainebleau, le   Octobre 1698.

A PARIS,

Par CHRISTOPHE BALLARD, seul Imprimeur du Roy
pour la Musique, ruë S. Jean de Beauvais,
au Mont-Parnasse.

M. DC. XCVIII.

Par exprés Commandement de Sa Majesté.

PROLOGUE.

ARGUMENT.

M ELPOMENE Muſe de la Tragédie, &
& Thalie Muſe de la Comédie , prétendent
chacune de ſon côté s'attribuer l'honneur
de divertir la Cour par un nouveau Spectacle : Elles prennent Apollon pour Juge de
leur diſpute, & ce Dieu pour les mettre d'accord les
engage à concourir également à ce deſſein : Pour le
faire même réüſſir avec plus d'agrément , il oblige les
autres Muſes à y entrer : C'eſt le plan général du Pro-
logue.

Les Muſes s'uniſſent pour former un divertiſſement ;
Elles r'aſſemblent les Arts ; Elles appellent les Bergers
& les Jeux innocents dont ils ſont ordinairement accom-
pagnez : Cependant Uranie (Muſe qui préſide à l'Aſtrologie) entre dans un ſoudain entouſiaſme, & par une
eſpéce d'Oracle annonce à la France la durée de la Paix
que le Roy vient de luy donner & la gloire que le Ciel
reſerve à la poſterité de ce Monarque : Cet Oracle donne
lieu aux Muſes & à leur ſuite de célébrer & la grandeur
du Roy & le bonheur de ſon Peuple : C'eſt le deſſein de
cet Interméde.

ACTEURS.

CALLIOPE, Muſe Héroïque, *Mademoiſelle Varango.*

EUTERPE, Muſe Paſtorale, *Mademoiſelle Deſenclos.*

URANIE, Muſe de l'Aſtrologie, *Mademoiſelle Chape.*

UNE BERGERE, *Mademoiſelle Baſtaron.*

LES ARTS.

LES JEUX,

TROUPE DE BERGERS.

INTERMEDE
DU PROLOGUE.

CALLIOPE.

Rofitons de la Paix profonde
Que le plus grand des Rois vient de
donner au Monde ;
Pour former une Fête uniſſons nos tra-
vaux :

R'aſſemblons des bouts de la Terre
Les Arts écartez par la Guerre ;
Inventons, s'il ſe peut, des agréments nouveaux.
Pour une ſi belle entrepriſe
Tout doit ſembler poſſible à nos efforts ;
Le Dieu des Arts nous favoriſe ;
Tout doit céder à nos divins accords.

INTERMEDE
CHOEUR DES MUSES.

Pour une si belle entreprise
Tout doit sembler possible à nos efforts ;
Le Dieu des Arts nous favorise ;
Tout doit céder à nos divins accords.

EUTERPE.

Vous qui devez à mes leçons
L'agrément de vos Chansonnettes,
Bergers, à nos Concerts venez mêler les sons
Des Chalumeaux & des Musettes :
Que les Jeux innocents accompagnent vos pas ;
Chantez les doux plaisirs de l'amoureux Empire :
C'est à vous seuls qu'un tendre amour inspire,
A bien chanter l'Amour & ses appas.

ENTRE'E.

QUATRE JEUX.
Messieurs Favre, Magny, Balon, Des Moulins.

QUATRE BERGERES.
Mesdemoiselles Beauchamps, Subligny, Du Faur.
Longuefosse.

UNE BERGERE.

Pour aimer, l'Amour nous a fait naistre ;
Ce Dieu charmant se plaist dans nos Hameaux :
De nos cœurs il est toûjours le Maistre ;
Il fait luy seul tous nos biens & nos maux.

DU PROLOGUE.

SECOND COUPLET.

Pouvons-nous refuser de le suivre
Puisque ses feux nous ont donné le jour.
Sous ses loix comme nous tout doit vivre;
Les plus grands Rois sont sujets de l'Amour.

URANIE.

Muses, pour m'écouter, cessez vôtre harmonie:
Une fureur divine agite mes esprits.

CHOEUR DES MUSES & de sa suite.

Cessons, cessons nôtre harmonie:
Taisons-nous, écoutons la celeste Uranie.

URANIE.

Quels destins éclatans dans les Cieux sont écrits!
Des Astres les plus doux quels heureux assemblages!
Que de favorables présages!

France! tes Vœux sont satisfaits:
Tu verras ton Peuple fidéle
Goûter dans une longue Paix
Un bonheur égal à son zéle.

Toy, Monarque toûjours vainqueur,
Laisse respirer ton grand cœur:

INTERMEDE

Joüis en repos de ta gloire:
Ton bras contre tes Ennemis
N'a plus besoin de la Victoire,
Ils sont par ta bonté desarmez & soûmis.

Quel prix à tes vertus par les Dieux est promis!
Quels Héros de ton sang sont nez, & doivent naître!
Je vois le Monde entier réüni sous un Maître.
Que ne puis-je achever! que ne m'est-il permis!
Mais le Ciel ne veut pas que de pareils miracles
Soient revélez aux Humains:
La grandeur de ses desseins
Feroit douter de ses Oracles.

Chantez, Muses, chantez; consacrez vos Concerts
Au plus grand Roy de l'Univers.

CHOEUR DES MUSES & de leur suite.

Chantons, consacrons nos Concerts
Au plus grand Roy de l'Univers.
Célébrons sa valeur, publions sa clemence;
Il sçait domter l'orgueil des Vainqueurs les plus fiers;
Il s'est vaincu luy-même en faveur de la France.
Chantons, consacrons nos Concerts
Au plus grand Roy de l'Univers.

ARGUM.

INTERMEDE DU I. ACTE.

ARGUMENT.

MIRTIL a préparé pour Mélicerte une Fête galante, & comme ils font l'un & l'autre du nombre des Bergers de Theſſalie, les Acteurs de cette Fête ſont auſſi des Bergers.

Les loüanges de Mélicerte, & l'amour de Mirtil font le principal ſujet de ce qui eſt chanté dans cette Fête: Cependant la félicité que ces deux Amans trouvent dans leur ardeur mutuelle fait faire au malheureux Philéne des réflexions qui redoublent ſon tourment. Il ne peut s'empêcher de ſe plaindre à Cloris de la rigueur qu'elle a pour luy ; Il propoſe à cette Bergere l'exemple de Mirtil & de Mélicerte. & luy vante les plaiſirs dont joüiſſent deux cœurs qui s'aiment tendrement : Cloris répond à ces plaintes avec un enjoüement qui deſeſpere l'amoureux Philéne, & luy fait d'abord concevoir le deſſein de ne la plus voir ; mais il ſent que ſon cœur y reſiſte, & pour le punir de cette reſiſtance il ſe réſoud à s'expoſer plus que jamais aux regards de Cloris, deût-il luy en coûter la vie.

ACTEURS

TIRCIS, M. de la Biffe.

PHILENE, M. Baftaron.

CLORIS, Mademoifelle Chappe.

AMINTE, Mademoifelle Varango.

SILVIE, Mademoifelle Defenclos.

INTERMEDE
DU I. ACTE.

AMINTE.

Oignons nos voix, & nos Musettes:
Du fidele Mirtil chantons les tendres
feux.

TIRCIS.

Rendons, rendons homage à l'Objet de ses vœux
Par nos plus agréables jeux.

TIRCIS & AMINTE ensemble.

Joignons nos voix & nos Musettes;
Chantons, Bergers, chantons tous
Des ardeurs si parfaites;
Célébrons des attraits si doux:
De vos paisibles retraites;
Echos, répondez-nous.

INTERMEDE
CHOEUR.

Joignons nos voix & nos Musettes :
Chantons, Bergers, chantons tous
Des ardeurs si parfaites ;
Célébrons des attraits si doux :
De vos paisibles retraites,
Echos, répondez-nous.

PREMIERE ENTRE'E.

DEUX BERGERS

Messieurs Favier L. & Lestang.

TROIS PASTRES.

Messieurs Magny, Bouteville, & Des Moulins.

TROIS PASTOURELLES.

Mesdemoiselles Beauchamps, Subligny, & Du Faur.

TIRCIS & SILVIE ensemble.

Suivez l'Amour, belle Bergere,
Suivez un si charmant vainqueur ;
Sa chaisne est legere
Pour un jeune cœur :
Avec la jeunesse
Les Jeux l'accompagnent sans cesse,
Tous ses traits sont doux :

Ne craignez pas qu'il vous blesse ;
Il est enfant comme vous.

PHILENE.

N'entendray-je parler que des Amans heureux,
Tandis que mon cœur amoureux
Gémit sous une dure chaisne ?
O vous de qui l'Amour a remply les desirs !
Laissez-moy parler de ma peine ;
Vous en connoistrez mieux le prix de vos plaisirs.
Cloris ! voy le bonheur de ces Amans fidéles :
Un exemple si beau ne peut-il rien sur toy ?
Que deux cœurs sont contents sous l'amoureuse loy
Quand leurs ardeurs sont mutuelles !

CLORIS.

L'Amour pourroit tenter mon cœur,
Si toûjours des plaisirs sa chaisne estoit suivie :
Ses peines me font plus de peur
Que ses biens ne me font envie.

PHILENE.

Si l'amour ne peut rien sur ton ame rebelle.
Ah ! du moins prend pitié de ma langueur mortelle :
Veux-tu de mes tourmens éterniser le cours ?
Hé quoy ? te feras-tu toûjours
Un triste honneur d'estre cruelle ?

INTERMEDE

CLORIS.

J'ay du plaisir en t'écoutant
Quand tu viens me conter ton amoureux martire:
Si ton amour estoit content,
Tu n'aurois plus rien à me dire.

PHILENE.

C'en est trop, ingrate Beauté:
Cesse d'abuser de ma flâme;
Tu ne merites pas tant de fidelité;
C'en est trop, ingratte Beauté
Je rends grace à ta cruauté,
Elle va dégager mon ame
De sa triste captivité;
C'en est trop, ingrate Beauté.

Mon cœur ! faisons-nous violence;
Fuyons des charmes dangereux:
Hé quoy? tu me trahis! d'où vient ta resistance?
Lâche! il faut te punir de tes indignes feux:
Loin de fuir le trait qui te blesse,
Je veux le chercher en tous lieux;
Je veux suivre Cloris, je veux la voir sans cesse,
Et mourir d'amour à ses yeux.

CLORIS.

Je suis ravie
De ton envie:

Quelle gloire pour moy d'avoir cauſe ta mort !
Puis-je mieux ſignaler le pouvoir de mes charmes ?
  Pour le prix d'un ſi noble effort,
Au deſfaut de mon cœur, je te promets des larmes.

Mais c'eſt trop écouter d'inutiles regrets,
Prend part à nos plaiſirs ou laiſſe-nous en paix.

SECONDE ENTRE'E.

TROIS PASTRES.

Meſſieurs Magny, Bouteville, Des Moulins.

TROIS PASTOURELLES.

Meſdemoiſelles Beauchamps, Subligny, Du Faur.

CHOEUR.

Joignons nos voix & nos Muſettes,
  Chantons, Bergers, chantons tous
    Des ardeurs ſi parfaites ;
Célébrons des attraits ſi doux :
    De vos paiſibles retraites,
      Echos, répondez-nous.

INTERMEDE DU II. ACTE.

ARGUMENT.

O N apprend à Mirtil qu'Amasis, Roy d'Egipte fait chercher Melicerte pour l'emmener & la marier dans son Royaume : Philemon amoureux de Melicerte est present à ce discours, & demeure d'abord immobile de douleur, pendant que Mirtil va s'informer de la chose plus precisément.

Aprés que Philemon est revenu de sa premiere surprise, il se plaint de son malheur en des termes si vifs, que le Fleuve Penée (au bord duquel se passe la Scene) en est touché : L'agitation & le murmure extraordinaire de l'onde annoncent que ce Dieu va paroistre ? Il paroît en effet accompagné de ses Nayades, & des autres Fleuves dont le cours finit dans le sien : Il met tout en usage pour charmer la douleur de Philemon, & pour cela il ordonne aux Divinitez des Eaux de former de doux Concerts : En suite voyant que ce secours ne produit pas l'effet qu'il s'en estoit promis, il excite Philemon à changer de Maîtresse, & pour luy en donner l'exemple, il appelle les Faunes & les autres Dieux des Forests, qui pour l'ordinaire ne se piquent pas d'être fort delicats & fort constans dans leurs amours : Ils accourent à la voix de Penée, & forment des Jeux proportionnez à leur caractere.

ACTEURS.

ACTEURS.

PHILEMON, *M. Aubineau.*

PENE'E. *M. Bastaron.*

TROUPE DE DIVINITEZ DES EAUX.

UN SILVAIN. *M. Gaye fils.*

TROUPE DE FAUNES ET DE SILVAINS.

INTERMEDE
DU II. ACTE.

PHILEMON.

E ces paisibles lieux, enfin, ma triste voix
Ne troublera plus le silence :
Arbres, seuls confidens de ma longue
souffrance,
Je viens me plaindre à vous pour la derniere fois.
Helas! on me ravit la beauté que j'adore ;
Elle étoit insensible au feu qui me devore,
Mais je goutois au moins le plaisir de la voir :
Un seul de ses regards adoucissoit ma peine,
Et suspendoit mon desespoir :
Je ne la verray plus, & ma mort est certaine :
De ces paisibles lieux, enfin, ma triste voix
Ne troublera plus le silence ;
Arbres seuls confidens de ma longue souffrance,
Je viens me plaindre à vous pour la derniere fois.

Qu'entens-je ? d'où vient ce murmure ?
Par qui peut-il être excité ?
D'un mouvement soudain ce Fleuve est agité ;
Ondes, fremissez-vous du tourment que j'endure ?
Quel bruit ? ô Ciel ! quels sons nouveaux ?
Que vois-je ? c'est le Dieu qui preside à ces Eaux.

PENE'E.

Amant infortuné, le mal qui te possede
Trouve de la pitié jusques au fond des flots :
Mes soins te rendront le repos,
Si les peines d'amour ne sont point sans remede.
Nayades, Deïtez qui me faites la cour !
Mëslez vos doux Concerts au murmure des ondes ;
Faites vos efforts en ce jour,
Pour charmer les douleurs profondes
D'un cœur tourmenté par l'Amour.

CHOEUR de Divinitez des Eaux.

Meslons nos doux Concerts au murmure des ondes ;
Faisons nos efforts en ce jour
Pour charmer les douleurs profondes
D'un cœur tourmenté par l'Amour.

PHILEMON.

Pour calmer les transports de ma fatale flâme,
Vos soins, helas ! sont superflus ;

INTERMEDE

Quand l'Amour a porté le trouble dans une ame,
La douce paix n'y revient plus :
Pour calmer les transports de ma fatale flame ;
Vos soins, helas ! sont superflus.

PENE'E

Si tu ne peus sortir de l'amoureux Empire,
Tu peus porter ailleurs tes vœux mal-satisfaits ;
Tu peus opposer d'autres traits
A ceux qui causent ton martire.

Quand l'Amour dans ses fers a sceu nous engager,
On s'en affranchit avec peine :
Mais s'il ne souffre pas que l'on brise sa chaîne,
Du moins il permet d'en changer.

Faunes, Dieux des Forests, vous, dont l'amour volage
Des languissans soûpirs ne connoist point l'usage,
Venez joindre à nos Jeux
Vostre charmant badinage ;
Montrez à ce cœur langoureux
Comme on peut en aimant être toujours heureux.

ENTRE'E.

UN FAUNE. M. Pecourt.

SIX SILVAINS.

Mrs Faüre, Magny, Blondy, de Roüen, Bouteville,
& Balon.

UN SILVAIN.

Changeons chaque jour,
Pour aimer sans allarmes :
Rien n'a tant de charmes
Qu'un nouvel amour.

CHOEUR de Faunes & de Silvains.

Changeons chaque jour,
Pour aimer sans allarmes
Rien n'a tant de charmes
Qu'un nouvel amour.

UN SILVAIN.

Quand on laisse craistre
Ce fatal vainqueur,
Il tirannise un cœur
Dont il est le maistre.

CHOEUR.

Changeons chaque jour,
Pour aimer sans allarmes :
Rien n'a tant de charmes
Qu'un nouvel amour.

UN SILVAIN.

Ce n'est que pour rire
Qu'il faut être amoureux :

INTERMEDE

Un cœur dont les feux
Prennent trop d'empire,
De ses plus doux nœuds
Se fait un martire.

CHOEUR.

Changeons chaque jour,
Pour aimer sans allarmes :
Rien n'a tant de charmes
Qu'un nouvel amour.

INTERMEDE DU III. ACTE.

ARGUMENT.

IRTIL est reconnu pour Sefoſtris fils d'Apriés dernier Roy d'Egypte, & non ſeulement Amaſis luy rend ſa Couronne qu'il avoit uſurpée, mais il luy donne auſſi en mariage Mélicerte qu'il vient de reconnoître pour ſa fille.

Les Bergers, parmi leſquels ces deux Amans ont eſté élevez, ſe réjoüiſſent de cet heureux événement, & les Egyptiens qui accompagnent Amaſis, ravis de ſe retrouver ſous la domination de leur veritable Roy, font paroître encore une plus grande joye ; Ainſi les uns & les autres forment une Fête génerale qui termine le Spectacle.

ACTEURS.

UN EGIPTIEN, *Monſieur Aubineau.*

UNE EGIPTIENNE, *Mademoiſelle Chape.*

TROUPE DE BERGERS.

TROUPE D'EGIPTIENS.

INTERMEDE
DU III. ACTE.
CHOEUR.

Mans fidéles
Vivez heureux:
Que l'Hymen augmente vos feux;
Goûtez des douceurs éternelles;
Que la gloire ni les grandeurs
Ne vous faffent jamais oublier vos ardeurs.

PREMIERE ENTRE'E.

Huit Egiptiens.

Meſſieurs Favier L., Pecourt, Leſtang, Dumirail, Germain, Barazé, Favier Cadet, Joubert.

Quatre Egiptiennes.

Meſdemoiſelles Beauchamps, Subligny, Du Faur, Longuefoſſe.

INTERMEDE
UN EGIPTIEN.

Que l'Amour fait icy de conqueſtes !
On luy doit l'agréement de nos Feſtes :
Les Jeux ſont ſans appas
Quand l'Amour n'en eſt pas.

En amour on ſe rend avec gloire ;
Epargnons-nous le ſoin de deffendre nos cœurs :
Il eſt doux de céder la victoire ;
Le bonheur des Vaincus fait celuy des Vainqueurs.

C'eſt pour vous que l'Amour a des peines,
Triſtes cœurs, vous qui fuyez ſes chaînes,
Il ſe laiſſe fléchir quand on s'offre à ſes coups ;
Qui veut luy reſiſter merite ſon courroux.

Le Chœur repete ces trois Couplets à meſure qu'ils
ſont chantez par l'Egiptien.

SECONDE ENTRE'E.

DEUX EGIPTIENNES.

Meſdemoiſelles Beauchamps & Subligny.

UNE EGIPTIENNE.

Quanto gode un fido amante
Quando ceſſa di ſoffrir !
E felice un cor coſtante
Quand' hà fine in ſuo martir :

Quanto gode un fido amante
Quando cessa di soffrir?

Nel giardino d'amore
Il frutto è dolce, & la radice amara;
Sospirata beltà sempre è piu cara:
Quanto gode un fido amante
Quando cessa di soffrir!

TROISIE'ME ET DERNIERE
ENTRE'E.

UN EGIPTIEN SEUL.
M. Beauchamps,

DEUX AUTRES EGIPTIENS.
Mrs Faüre & Balon.

CHOEUR.

Amants fidelles,
Vivez heureux:
Que l'Hymen augmente vos feux;
Goutez des douceurs éternelles;
Que la Gloire ni les Grandeurs
Ne vous fassent jamais oublier vos ardeurs.

FIN.